BEI GRIN MACHT SICH IHR
WISSEN BEZAHLT

- Wir veröffentlichen Ihre Hausarbeit,
  Bachelor- und Masterarbeit

- Ihr eigenes eBook und Buch -
  weltweit in allen wichtigen Shops

- Verdienen Sie an jedem Verkauf

Jetzt bei www.GRIN.com hochladen
und kostenlos publizieren

GRIN ☺

Moritz Zinkernagel

Patriarchat - Definition, Entstehung, Erklärungsansätze

GRIN Verlag

Bibliografische Information der Deutschen Nationalbibliothek:

Die Deutsche Bibliothek verzeichnet diese Publikation in der Deutschen National-
bibliografie; detaillierte bibliografische Daten sind im Internet über http://dnb.d-
nb.de/ abrufbar.

Impressum:

Copyright © 2007 GRIN Verlag GmbH
Druck und Bindung: Books on Demand GmbH, Norderstedt Germany
ISBN: 978-3-640-15967-3

Dieses Buch bei GRIN:

http://www.grin.com/de/e-book/114332/patriarchat-definition-entstehung-erklae-
rungsansaetze

GRIN - Your knowledge has value

Der GRIN Verlag publiziert seit 1998 wissenschaftliche Arbeiten von Studenten, Hochschullehrern und anderen Akademikern als eBook und gedrucktes Buch. Die Verlagswebsite www.grin.com ist die ideale Plattform zur Veröffentlichung von Hausarbeiten, Abschlussarbeiten, wissenschaftlichen Aufsätzen, Dissertationen und Fachbüchern.

Besuchen Sie uns im Internet:

http://www.grin.com/

http://www.facebook.com/grincom

http://www.twitter.com/grin_com

Referatsausarbeitung zum Thema
Patriarchat

von

Moritz Zinkernagel

Seminar: Frauenforschung + Männerforschung =
Geschlechterforschung?

Inhaltsverzeichnis

1. Einleitung

Als Begriff des alltäglichen Sprachgebrauchs wird Patriarchat oft nur synonym und sehr allgemein für "Männerherrschaft" gebraucht und "patriarchale Strukturen" bringt oft nur ein diffuses Bild von einer wie auch immer gearteten Benachteiligung von Frauen zum Ausdruck, ohne daß dahinter ein klar definierter Sachverhalt zu erkennen wäre.

Um den Begriff klarer einzugrenzen, befasse ich mich im ersten Teil dieser Arbeit mit der Herkunft und Definition des Begriffs Patriarchat, bzw. mit dem, was darunter zu verstehen ist und welche Rolle er im wissenschaftlichen Kontext spielt. Diesbezüglich möchte ich vor allem darauf eingehen, in wie weit Patriarchat als eigenständiges Konzept der feministischen Wissenschaft zu verstehen ist, welche Anforderungen an dieses Konzept gestellt werden, aber auch welche Kritik daran geübt wird, da der Begriff Patriarchat von zentraler Bedeutung für die zweite Frauenbewegung ist, welche aus der Studentenbewegung der 1960er Jahre hervorgegangen ist, und die aus ihr entstandene feministische Theorie , um Diskriminierung und Ungleichheiten zwischen den Geschlechtern als Teil eines übergreifenden Phänomens zu erfassen. Als Schlüsselbegriff war und ist er relevant für feministische WissenschaftlerInnen aller Disziplinen.

Im zweiten Teil dieser Arbeit befasse ich mich dann mit der historischen Betrachtung patriarchalischer Strukturen und den verschiedenen Vermutungen über ihrer Entstehung, gefolgt von einem kurzen Abschnitt über verschiedenen Erklärungsansätze für den Fortbestand patriarchaler (Gesellschafts-)Strukturen bis hinein in die heutige Zeit.

Der Wandel der feudalistisch strukturierten Gesellschaft zur industriell - kapitalistisch strukturierten Gesellschaft im Laufe des 19 Jh. brachte große, alle gesellschaftlichen Lebensbereiche betreffende Veränderungen mit sich, die bis heute Bestand haben bzw. aus denen sich die heutigen Zustände herleiten lassen. Dieser

Wandel brachte auch einschneidende Veränderungen bezüglich der gesellschaftlichen Rolle der Frau mit sich, aus denen sich wiederum die patriarchalen Strukturen der heutigen Zeit herleiten lassen. Die Betrachtung der Epoche der Industrialisierung erscheint mir daher als unverzichtbare Voraussetzung für eine angemessene Erklärung und Analyse des heutigen Patriarchalismus. Daher werde ich im letzten Teil dieser Arbeit versuchen, diesen gesellschaftlichen Wandel und die sich daran anschließenden Entwicklungen darzulegen. Einen besonderen Schwerpunkt werde ich dabei anhand des Patriarchatskonzeptes auf die Rolle der Frau im Geflecht zwischen Erwerbsarbeit und unentgeltlicher Arbeit legen, da es in kapitalistisch strukturierten Gesellschaften wohl kaum einen Bereich gibt, in dem Patriarchalismus so offen zu Tage tritt.

2. Herkömmliche Begriffsdefinition

Sprachlich leitet sich der Begriff vom griechischen *patér* - "Vater" und *arché* - "Ursprung", "Herrschaft" ab. Patriarchat, auch Androkratie genannt, beschreibt im herkömmlichen Sinne ein System, historisch abgeleitet vom griechischen und römischen Recht, in dem das männliche Oberhaupt der Familie und des Haushaltes die rechtliche und ökonomische Macht über die von ihm abhängigen weiblichen und männlichen Familienmitglieder ausübt. Davon ableiten lassen sich noch die Worte *Patrilinearität*, was für die über den Vater definierte Familienzügehörigkeit, Erbfolge und Namensgebung (*Patronymie*) steht, und *Patrilokalität*, mit welchem der Wohnsitz junger Ehepaare beim Vater des Mannes bzw. der Herkunftsfamilie des Mannes gemeint ist.

3.1 Patriarchat als wissenschaftliches Konzept

In der feministischen Wissenschaft ist die Bedeutung des Begriffs komplexer. Hier umfaßt er Monopolisierung von Machtpositionen, asymmetrische Machtbeziehungen, soziale Ungleichheiten und Unterdrückung in allen gesellschaftlichen Bereichen, nicht nur in Ausschnitten daraus, wie etwa der Familie.

"Unter Patriarchat werden (...) die Beziehungen zwischen den Geschlechtern verstanden, in denen Männer dominant und Frauen untergeordnet sind. Patriarchat beschreibt ein gesellschaftliches System von sozialen Beziehungen der männlichen Herrschaft (...)."
(Millet 1977, zitiert nach Becker, Kortendiek (Hrsg.) 2004: 15)

"(...) es meint die Manifestation und Institutionalisierung der Herrschaft der Männer über Frauen und Kinder innerhalb der Familie und die Ausdehnung der männlichen Dominanz über Frauen auf die Gesellschaft insgesamt."
(Lerner 1991: 295, zitiert nach Becker, Kortendiek (Hrsg.) 2004: 15)

"(...) a system of social structures and social practices in which men dominate, oppress and exploit women."
(Walby 1990: 20, zitiert nach Becker, Kortendiek (Hrsg.) 2004: 15)

Die feministische Theorie geht also davon aus, daß sich zentrale Bereiche der Ungleichheit und Diskriminierung nicht ausschließlich aus der innerfamiliären Situation und Konstellation herleiten lassen, wie es die ursprüngliche Definition des Begriffs Patriarchat nahelegt. Ebenso wird davon ausgegangen, daß es sich dabei nicht um ein "natürliches" oder selbstverständliches Phänomen handelt. Eine weitere Anforderung an ein Konzept von Patriarchat im Rahmen der feministischen Theorie ist die universelle Gültigkeit, so daß alle Formen der Unterdrückung in allen Gesellschaften erfaßt werden, es also auch nicht zulässig ist, die Thematik von einem ethnozentrischen Standpunkt aus, etwa einem europäischen oder "westlichen" zu behandeln.

Patriarchat soll aber vor allem als Begriff, bzw. Konzept aufgefaßt werden, mit dem Fragen formuliert werden können, der jedoch keine endgültigen Antworten gibt.[1]

3.2 Kritik

Dieses Patriarchatskonzept ist jedoch nicht unumstritten. In der neueren Debatte wird die gängige Definition als zu eng gefaßt und daher z.B. nur für eine bestimmte historische Epoche gültig kritisiert. Teilweise wird Patriarchat nur noch als Kampfbegriff aus den Anfängen der Frauenbewegung aufgefaßt, der irreführend, wissenschaftlich unbrauchbar oder zumindest überholt sei. Neuer Konsens in der feministischen Wissenschaft ist der Gebrauch des Begriffs *Geschlecht* - *Gender* als umfassenderes Strukturierungsprinzip des Geschlechterverhältnisses, da es nicht nur, wie dem Konzept Patriarchat zugeschrieben, hauptsächlich den Zusammenhang zwischen Familie und Erwerbssystem erfasse, sondern alle Bereiche der Gesellschaft auf allen Ebenen. Dieses Prinzip folgt außerdem einer ahistorische Sichtweise der Problematik, die den gegenwärtigen Bedingungen der Diskriminierung von Frauen und dieser zu Grund liegenden Entwicklungen gerechter werden soll.

Ein weiterer Kritikpunkt ist der, daß das Konzept zwar geeignet ist, die strukturellen Ähnlichkeiten in den einzelnen Formen von Diskriminierung und Ungleichheit hervorzuheben, ohne Spezifizierung jedoch nicht geeignet ist, diese Diskriminierungen und Ungleichheiten auch zu erklären. Dies scheint soweit noch deckungsgleich mit dem Anspruch der feministischen Theorie an das Konzept. Eva Cyba sieht darin allerdings die Gefahr einer zirkulären

---

[1] vgl.: http://de.wikipedia.org/wiki/Patriarchat_%28Soziologie%29
vgl.: http://www.antjeschrupp.de/kleines_lexikon.htm
vgl.: Ruth Becker, Beate Kortendiek (Hrsg.) 2004: 15-16

Begründung: *" Die Diskriminierung der Frauen besteht in der Vorherrschaft der Männer und wird durch diese Vorherrschaft verursacht, Diskriminierung also aufgrund von Diskriminierung erklärt. Wenn man geschlechtsspezifische Asymmetrien von vornherein immer schon als Ausdruck von Männerherrschaft definiert, so ist über die konkreten Ursachen und Mechanismen der Diskriminierung noch nichts ausgesagt."* (Becker, Kortendiek (Hrsg.) 2004: 17)

Außerdem kritisiert Cyba am Konzept Patriarchat, daß Frauen darin häufig nur eine passive Rolle zugestanden wird, obwohl sie sich in erheblichem Maße für ihre Interessen einsetzen, und das auch mit Erfolg. Und eben diese Erfolge, die Verbesserung der Situation von Frauen in vielen Bereichen müßte mit einbezogen werden, um die gegenwärtige soziale Situation von Frauen und die Reproduktion der Geschlechterverhältnisse verstehen und erklären zu können.[2]

4. Entstehung patriarchaler Strukturen

Die Ursprünge patriarchalischer gesellschaftlicher Strukturen sind umstritten und nicht eindeutig belegbar. Forschungsergebnisse verschiedener wissenschaftlicher Disziplinen (z.B. Geologie, Archäologie, Neurobiologie, Psychologie) legen, unabhängig von einander, nahe, daß das Patriarchat vor ca. 7000 Jahren letztlich als Folge von Klimaveränderungen entstanden ist. Und zwar ist es belegbar, daß relativ feuchte und damit lebensfreundliche Gebiete Nord-Afrikas, des nahen Ostens und Zentralasiens auf Grund von klimatischen Veränderungen langsam austrockneten und von den dort ansässigen und vermutlich in egalitären, friedlichen Verhältnissen lebenden Menschen in der Konsequenz verlassen

---

[2] vgl.: Ruth Becker, Beate Kortendiek (Hrsg.) 2004: 17
vgl.: Sabine Hark (Hrsg.) 2001: 94

wurden. Durch diese Migration, den Zusammenbruch der Umwelt- und Kulturbedingungen, sind wahrscheinlich die Bindungen zwischen Mutter und Kind sowie zwischen Mann und Frau auf traumatisch prägende Weise zerstört worden. Beweisen läßt sich dies aber nicht. Allerdings sind vergleichbare Traumatisierungen dieser Art und daraus resultierende Verhaltensweisen in den Hungergebieten der heutigen dritten Welt zu beobachten.[3]

Auch gibt es die Vermutung, daß es in der historischen Entwicklung prähistorischer Gesellschaften matriarchale, also frauendominierte Gesellschaftsformen als eigenständige Epochen gegeben hat, zumindest aber geschlechtssymmetrische Gesellschaften, die eine Vorrangstellung der Mutter suggerierten. Diese Annahmen sind jedoch umstritten.

Gerda Lerner kam nach einer umfassenden Studie historischer Befunde zu dem vorläufigen Schluß, daß sich zwar im Neolithikum und im Bronzezeitalter alternative Sozialmodelle zur Männerherrschaft nachweisen lassen, man aber nicht von der Verbreitung matriarchaler Sozialorganisationen im Kontext umfassender evolutionärer Veränderungen sprechen kann. Ein weiteres Ergebnis ihrer Untersuchungen ist, daß das Patriarchat, als ein in alle Lebensbereiche durchdringendes Herrschaftssystem, mindestens bis in das dritte Jahrtausend vor Christus zurückreicht. Erkennbar ist dies nach Lerner an einer Veränderung der religiösen Symbolik, insbesondere der Verdrängung weiblicher Gottheiten und der strukturellen Spaltung in "respektable" (an einen Mann gebundene) und "nicht respektable" Frauen. Dabei ist jedoch festzuhalten, daß es Lerner nicht darum ging, männerdominierte Herrschaftssysteme als überzeitliches Phänomen festzulegen, sondern um das Aufzeigen von spezifischen Ursachen der Benachteiligung und Unterdrückung von Frauen unter verschiedenen historischen Bedingungen.

---

[3] vgl.: http://de.wikipedia.org/wiki/Patriarchat_%28Soziologie%29

In neueren kulturantropologischen Studien werden die Wurzeln des Patriarchats, bzw. dessen Konsolidierung erst in den vormodernen korporativen Hauswirtschaften der Bauerngesellschaften verortet. In diesen Hauswirtschaften kontrollierten die älteren Männer die Frauen und jüngeren Männer in der Produktion. Frauen wurden in diesem System sowohl als Produzentin, als Arbeitskraft, als auch als Reproduzentin, als Gebärerin der Kinder, welche potentielle Arbeitskräfte in der familiären Subsistenzwirtschaft darstellten, ausgebeutet.[4]

5. Erklärungsansätze für den kontinuierlichen Bestand patriarchaler Gesellschaftsstrukturen

Die Basis für die Aufrechterhaltung des Patriarchats wird in den unterschiedlichsten gesellschaftlichen Institutionen und Begebenheiten gesucht und es kann davon ausgegangen werden, daß sie nicht monokausal ist. Zu erst einmal wird immer wieder die unumstößliche Rolle der Frau in der biologischen Reproduktion ins Feld geführt, sowie die, zumindest in den westlichen Gesellschaften vorherrschende Zwangsheterosexualität, die Beziehungen außerhalb des Mann-Frau-Schemas nicht zuläßt.

Auch in starren kulturellen Begebenheiten wird ein Grund für den Fortbestand patriarchaler Strukturen gesehen, die aus Gewohnheit, Trägheit, aber auch Unwissenheit zur Reproduktion der Verhältnisse führen. Damit eng verknüpft wird das jeweilige gesellschaftliche/politische System als maßgeblich für die Reproduktion verantwortlicher Faktor betrachtet. Darunter fällt vor allem die geschlechtsspezifische Konstellation des Arbeitsmarktes (unter Einbezug der unentgeltlichen (häuslichen)

---

[4] vgl.: Ruth Becker, Beate Kortendiek (Hrsg.) 2004: 17
vgl.: Claudia von Werlhof, Annemarie Schweighofer,
Werner W. Ernst (Hrsg.) 1996: 59-61

Versorgungsleistungen) und die sich daraus ergebende geschlechtsspezifische Arbeitsteilung so wie die Kontrolle des (Ehe-) Mannes über die Arbeit der Frau.[5]

6. Patriarchalismus im Übergang von der traditionellen zur kapitalistischen Gesellschaft

Ursula Beer und Ute Gerhard führten eine differenzierte Analyse des Patriarchalismus im Übergang von der traditionellen, feudalistisch zur industriell kapitalistisch und bürgerlich geprägten Gesellschaft durch, die vor allem aufzeigt, daß Frauen in dieser wieder und auf neuen Ebenen ins Hintertreffen geraten und daß die bürgerlichen Rechtsverhältnisse Widersprüche in sich bergen, da sie zwar die allgemeine Gleichheit garantieren, gleichzeitig Frauen aber von dieser ausschließen. Breer benennt diese "neo-patriarchalen" Strukturen mit dem Begriff des Sekundärpatriarchalismus, da er den Primärpatriarchalismus des Feudalzeitalters ablöste. Viele Merkmale des Primärpatriarchalismus wurden zwar beibehalten, es kamen aber auch eine Reihe neuer Unterdrückungsmechnismen, teilweise gesetzlich verankert, hinzu.

Der Primärpatriarchalismus zeichnete sich durch feudale Gesellschaftsstrukturen aus, in denen die Verfügung über Grund und Boden die Macht des einzelnen bedingte. Die Gesellschaft war geprägt durch Wirtschafts- und Familieneinheiten in denen das Familienoberhaupt die Verfügungsgewalt über alle Familienmitglieder besaß und keine typisch kapitalistische Trennung zwischen Erwerb und Familie stattfand. (Unter *Familie* ist in diesem Fall die leibliche Familie zuzüglich des gesamten Personalbestandes mit Ausnahme der Tagelöhner zu verstehen).

---

[5] vgl.: Ruth Becker, Beate Kortendiek (Hrsg.) 2004: 17-19

Dieser Patriarchalismus war also von einer sehr unvermittelten, direkten Art.

Der Sekundärpatriarchalismus wurde maßgeblich durch die Abschaffung des bis hinein in die bürgerlich kapitalistische Gesellschaft geltende Recht, daß nur diejenigen heiraten durften, die ein Gewerbe oder Grundbesitz nachweisen konnten, beeinflußt. Nun war es auch dem Lohnarbeiter, der außer seiner Arbeitskraft nichts besaß, möglich zu heiraten und eine Familie zu gründen, was dem ehemals ehelosen und vom Grundherren abhängigen Landarbeiter, jetzt Industriearbeiter, durch Eheschließung eine Frau einbrachte, an der er patriarchale und bis dahin nur dem Bürgertum und (Land-)Adel vorbehaltene Rechte und Ansprüche geltend machen konnte.

Es folgte also ein individueller Machtgewinn der besitzlosen Männer. Für die Frauen bedeutete dies, daß sie zwar nun nicht mehr unter dem Regime ihres Landherren, der in der Regel nur ein Interesse an ihrer Arbeitskraft hatte, dafür aber unter dem Regime ihres Ehemannes leben mußten, wo neben der Verfügung über ihre Arbeitskraft unter Umständen noch die Komponente der sexuellen Macht und Unterdrückung hinzukam.

Dieser Wandel der oben dargelegten patriarchalen Strukturen vollzog sich in etwa in einem Zeitraum von hundert Jahren und fand seine vorläufige Manifestierung mit der Einführung des *Bürgerlichen Gesetzbuches für das Deutsche Reich (BGB)* im Jahre 1900, explizit in den Bestimmungen des Familiengesetzbuches. Durch das BGB wurden diese Strukturen rechtlich-normativ und gesellschaftlich verankert. Im Laufe dieser Zeit wurde auch das bürgerliche Ehe- und Familienmodel, die monogame Einehe, zur allgemeinen Erscheinung, die bis heute gesellschaftlichen Bestand hat. In ihr war zwar die Möglichkeit einer freien Ehevertragsgestaltung gegeben, welche aber höchstens in den Schichten der vermögenden Klasse von Bedeutung war, weniger in der Arbeiterklasse.

Die gesamtgesellschaftlichen Verhältnisse veränderten sich also im Verlauf der Industrialisierung so, daß die gesellschaftlichen Schichten der Feudalherren und des Adels denen des Bürgertums und der (Groß-)Industriellen und die Schicht der Landlosen (Landarbeiter) der der Industriearbeiter wich. Damit kam auch den Frauen eine neue gesellschaftliche Rolle zu, die aber, je nach Klassenzugehörigkeit, unterschiedlich war.

Während des 19. Jh. wurden die Frauen der Mittel- und Oberschicht grundsätzlich von der Erwerbsarbeit ferngehalten und damit von Berufen und Professionen ausgeschlossen. Für sie war ein, nach den Vorstellungen des Ehemannes, Leben in Ehe und Familie vorgesehen, wobei anzumerken ist, daß sie zumindest (abhängig vom individuellen Reichtum) die Macht über sowohl weibliche als auch männliche Hausangestellte hatten. Die *nicht-erwerbstätige Frau* entwickelte sich zum Frauenleitbild der damaligen Gesellschaft. Nicht-erwerbstätig war allerdings keineswegs gleichzusetzten mit nicht-arbeitend, da von den Frauen sehr wohl Arbeitstätigkeiten abverlangt wurden, nämlich die eben unentgeltliche Arbeit im Haushalt. Durch die Zuweisung dieser unentgeltlichen Arbeit war der Frau der Zugang zu der zentralen gesellschaftlichen Ressource der kapitalistisch strukturierten Gesellschaft, dem Geld, das Medium in der Tausch- und Warengesellschaft, verwehrt bzw. ihr nur in Form von Alimentierung (Haushaltsgeld) und dadurch in direkter Abhängigkeit vom Ehemann zuteil. Erst Anfang des 20. Jh. trat diesbezüglich ein Wandel ein, da dieses Lebensmodel auf Grund wirtschaftlicher Umstände für viele Töchter aus bürgerlichen Haushalten nicht mehr erreichbar war, und es entstanden Frauenberufe, die für bürgerliche und auch unverheiratete Frauen als akzeptabel galten.

Für Frauen der unteren Schichten sah die Situation anders aus. Auf Grund der sehr geringen Entlohnung der Erwerbsarbeit in den Anfängen des industriellen Kapitalismus waren auch die Frauen meistens dazu gezwungen, Erwerbsarbeit zu leisten um den Unterhalt der Familie zu sichern. Im Vergleich zum Patriarchat des Feudalzeitalters bedeutete dies quasi noch eine Verschlechterung der Situation der Frauen (zumindest in den unteren Schichten), da sie sich nun nicht nur der Herrschaft ihres Ehemannes unterwerfen mußten, sondern zusätzlich auch der ihres (männlichen) Arbeitgebers oder Vorgesetzten. An dieser Stelle wird deutlich, daß es zur hinreichenden Beschreibung der Problematik noch einer weiteren Differenzierung bedarf, nämlich der in *marktlichen Sekundärpatriarchalismus* und *familialen Sekundärpatriarchalismus,* da sich kapitalistisch geprägte Gesellschaften unter anderem durch eine strikte Trennung zwischen dem Erwerb und der Familie, dem Privaten auszeichnen.

Das frühkapitalistische Wirtschaftssystem plante von vornherein ein Reservoir unqualifizierter und damit billiger weiblicher Arbeitskräfte ein. Die Arbeit der Frauen war noch schlechter entlohnt als die der Männer und fand in Bereichen statt, in denen Männer es ablehnten zu arbeiten, da die Arbeitsbedingungen miserabel waren oder an anderer Stelle bessere Verdienstmöglichkeiten vorhanden waren.

Analytisch betrachtet läßt sich von einem konsequenten Schließungsprozeß gegenüber Frauen in Berufsbereichen sprechen, die von Männern initiiert, von deren Organisationen getragen und ideologisch vom bürgerlichen Familienideal überhöht waren (z.B. ein durch gesellschaftliche Normen geprägtes, nur auf Männer zugeschnittenes Prestige bedeuteten). Die Ausnahme bildeten dabei eben nur die Frauenberufe und Frauenbrachen, an denen die männliche Lohnarbeiterschaft kein Interesse hatte bzw. höchstens in Form eines Vorgesetzten.[6]

---

[6] vgl.: Ruth Becker, Beate Kortendiek (Hrsg.) 2004: 16-17, 56-61
vgl.: Sabine Hark (Hrsg.) 2001: 121-123
vgl.: Ursula Beer 1990: 152-163

7. Entwicklung der Frauenarbeit

Was Frauen, besonders die der oberen Schichten, und ihre Anteilnahme an der für sie ja eigentlich verpönten Erwerbsarbeit betrifft, läßt sich zumindest für Deutschland festhalten, daß es neben der Zeit der wirtschaftlichen Krise Anfang des 20. Jh. noch zu zwei weiteren Zeitpunkten vermehrt dazu kam, daß sie berufstätig wurden, bzw. werden mußten, auch in Berufsbereichen, die eigentlich den Männern vorbehalten waren. Dies geschah jeweils nach dem ersten und dem zweiten Weltkrieg, und zwar aus dem Grund, daß in Deutschland "Männerknappheit" herrschte, da viele Männer im Krieg gefallen oder in Gefangenschaft geraten waren. Für den Fortbestand, bzw. den Wiederaufbau der deutschen Wirtschaft war die Arbeit der Frauen zu diesen Zeiten unverzichtbar. Allerdings wäre es falsch anzunehmen, daß auf Grund dieses Zwangsumstandes ein Umdenken bezüglich der geschlechtsspezifischen Arbeitsteilung stattgefunden hätte. Besonders in der Zeit nach dem zweiten Weltkrieg war zu beobachten, daß, je mehr sich das zahlenmäßige Verhältnis zwischen Männern und Frauen wieder egalisierte (unter anderem durch die Heimkehr der Kriegsgefangenen), die Frauen wieder aus den prestigeträchtigen und ertragreichen beruflichen Männerdomänen verdrängt und erneut nur zu untergeordneten Tätigkeiten zugelassen wurden.

Aus diesen Umständen heraus entwickelten sich im Laufe des 20. Jh. "typische" Frauenberufe, die bis heute als solche Bestand haben (z.B. weiblich definierte Büroberufe wie Telefonistin, Sekretärin oder Stenotypistin). Diese Entwicklung, bzw. dieser Zustand verliert zwar zunehmend an Schärfe, dauert aber bis heute an.[7]

8. Das Abhängigkeitsverhältnis zwischen unentgeltlicher und Erwerbsarbeit

Die den Frauen zugewiesene unentgeltliche Arbeit und der Schließungsprozeß gegenüber Frauen, mit dem Männer ertragreiche und Erfolg versprechende Berufsfelder für sich beanspruchen, bilden zusammen die Basis der industriegesellschaftlichen Arbeitsteilung. Daß die Erwerbsarbeit für das Bestehen einer kapitalistisch industriell geprägten Gesellschaft unabdingbar ist, liegt auf der Hand, daß ein solches Gesellschaftsgebilde jedoch ohne die unentgeltlich erbrachten Versorgungsleistungen, die dem Markt entzogen bleiben, da sie nicht profitabel vermarktbar sind, gar nicht überlebensfähig wäre, findet seltener Erwähnung. Andererseits ist es die Marktökonomie, die die Mittel zur Aufrechterhaltung der Versorgungsökonomie stellt und damit die dominantere Rolle einnimmt.

Die geschlechtsspezifische Arbeitsteilung, die das relative Gleichgewicht zwischen entgeltlichen und unentgeltlichen Arbeitsleistungen aufrecht erhält, ist ein zentraler Stabilätsfaktor der kapitalistisch - patriarchal geprägten Gesellschaft und Wirtschaftsweise.

Die Geschlechtsspezifik dieses Systems entbehrt eigentlich jeglicher ökonomischen Logik, denn solange die Arbeitsleistungen im Bereich der Erwerbsarbeit optimal erbracht werden, macht es keinen Unterschied, ob dies von Frauen oder Männern getan wird. Auch ist es prinzipiell egal, ob Frauen oder Männer die nötigen Versorgungsleistungen erbringen, solange sie überhaupt jemand erbringt. Theoretisch betrachtet gibt es also nichts, was gegen die Systemverträglichkeit der Aufhebung der geschlechtsspezifischen Arbeitsteilung sprechen würde. Voraussetzung dafür wäre allerdings, daß der Vergabe von Erwerbsarbeit durch Unternehmen ein rein ökonomisches Kalkül zu Grunde liegt. Und genau das tut es jedoch nicht, an diesem Punkt setzen Mechanismen ein, nämlich der Rückgriff der Unternehmenskultur auf kulturell - ideologische Rekrutierungsmuster, die die bestehende Ordnung aufrecht erhalten. Auch der heute weitestgehend gleiche Stand der Berufsqualifikation bei Männern und Frauen scheint diesen Status Quo offensichtlich nicht ins Wanken bringen zu können. Mit Kapitalinteressen rein ökonomischer Art lassen sich die bestehenden Verhältnisse heutzutage jedenfalls nicht mehr begründen.[7]

9. Fazit

Patriarchat als wissenschaftliches Konzept scheint durchaus sinnvoll. Allerdings ist es tatsächlich wohl "nur" ein Instrument, welches es ermöglicht, patriarchale Strukturen systematisch und umfassend, schwerpunktmäßig im Bereich Arbeit - Familie, aufzuzeigen und aufzudecken. Um die tatsächlichen Ursachen herauszufinden ist es nur bedingt brauchbar, kann aber sicherlich als unverzichtbares Fundament der Ursachenforschung in den einzelnen wissenschaftlichen Disziplinen angesehen werden. Patriarchat als Konzept ist eben nicht vergleichbar mit einer mathematischen Formel, in die man mehrere Variablen einsetzt und ein verbindliches Endergebnis erhält. Ebenso scheint es nicht zulässig, Patriarchalismus monokausal zu erklären. Das Konzept Patriarchat zeigt auf, daß den Erklärungen ein komplexes Geflecht von Ursachen und sozialen Mechanismen unter Einbezug der historischen Entwicklung der jeweiligen Gesellschaft zu Grunde gelegt werden muß. Auch gilt es zu beachten, daß die Geschlechterbeziehungen in den unterschiedlichen Lebensbereichen und in verschiedenen regionalen Zusammenhängen nie einheitlich

---

[7] vgl.: Ruth Becker, Beate Kortendiek (Hrsg.) 2004: 58-61

sind und von einer Vielzahl unterschiedlichster Bedingungen beeinflußt werden. Die Betrachtung und Analyse der modernen, industrialisierten Gesellschaft in Bezug auf das Geschlechterverhältnis liefert sicherlich einen Rahmen oder ein grobes Muster des gesellschaftlichen Patriarchalismus, vergleichbar mit einer Art rotem Pfaden, was aber nicht aussagt, daß die Ausprägung nicht von Fall zu Fall und von Bereich zu Bereich stark variieren kann und daß die Ursachen nicht teilweise andere bzw. in ihrer Gewichtung völlig unterschiedlich sind. Aus diesem Grund ist die am Konzept Patriarchat geübte Kritik, es sei zu eng gefaßt und befasse sich neben dem Bereich Arbeit - Familie nicht ausreichend mit den anderen gesellschaftlichen Bereichen, sicherlich nicht unbegründet.

Nicht, daß ich es nicht schon vorher geahnt hätte, aber durch die eingehendere Beschäftigung mit der Thematik auf Grund dieser Arbeit komme ich zu dem Schluß, daß der Fortbestand patriarchaler Strukturen in einer Vielzahl gesellschaftlicher Bereiche eigentlich nichts als ein weiteres Armutszeugnis für eine Gesellschaft ist, die sich selber als hochentwickelt und zivilisiert bezeichnet. Ich finde es erstaunlich, welchen Einfluß Macht, kollektive wie individuelle, auf den einzelnen Menschen hat und mit welcher subtilen Vehemenz daran festgehalten wird. Für Männer gestaltet sich dies gegenüber Frauen freilich relativ einfach, da sie sich auf offensichtlich Jahrtausende alten Strukturen ausruhen können, die einen scheinbar unumstößlichen Status Quo darstellen.

Interessant finde ich die Frage, wie die heutige Gesellschaft aussehen würde, wenn die Weichen in der Geschichte der Menschheit anders gestellt gewesen wären und es zu der Entstehung und Entwicklung matriarchalischer Strukturen gekommen wäre. Wären die Verhältnisse heute die gleichen, nur unter umgekehrten geschlechtlichen Vorzeichen?

10. Literaturverzeichnis

http://de.wikipedia.org/wiki/Patriarchat_%28Soziologie%29

http://www.antjeschrupp.de/kleines_lexikon.htm

Ruth Becker, Beate Kortendiek (Hrsg.). (2004). Handbuch Frauen-
und Geschlechterforschung, Theorie, Methoden, Empirie.
Wiesbaden: VS Verlag für Sozialwissenschaften/GWV Fachverlage
GmbH

Sabine Hark (Hrsg.). (2001). Dis/Kontinuitäten: Feministische
Theorie. Opladen: Leske + Budrich

Claudia von Werlhof, Annemarie Schweighofer, Werner W. Ernst
(Hrsg.). (1996). Herren-Los, Herrschaft - Erkenntnis - Lebensform.
Frankfurt a.M.: Peter Lang GmbH Europäischer Verlag der
Wissenschaften

Ursula Beer. (1990). Geschlecht, Struktur, Geschichte, Soziale
Konstituierung des Geschlechterverhältnisses. Frankfurt a.M. ; New
York: Campus Verlag